La vie secrète des bêtes

A la Ferme

Texte de Michel Cuisin
ATTACHÉ AU MUSÉUM NATIONAL
D'HISTOIRE NATURELLE

Illustrations de John Francis

HACHETTE
Jeunesse

L'abeille

L'union fait la force, la patience aussi. C'est avec le nectar des fleurs que les abeilles font le miel, mais des milliers d'allées et venues leur sont nécessaires pour remplir les alvéoles de la ruche. En effet, chaque abeille ne peut mettre que 40 à 60 milligrammes de nectar dans son jabot : pour cela, il lui faut visiter de 1 000 à 1 500 fleurs de trèfle. Mais dans la ruche, elle est entourée de dizaines de milliers de ses sœurs. Au printemps et en été, s'il fait beau temps, les abeilles entassent dans les alvéoles de cire des kilos de miel, en principe destiné à leur nourriture et à celle de leurs larves, mais que l'homme prélève en partie.

C'est leur nombre qui fait la force des abeilles, mais aussi leur patience : en cinq jours et demi, une larve d'ouvrière fut nourrie 143 fois et examinée 1 926 fois par des abeilles-nourrices ! Dans le même délai, une larve de reine reçut 1 600 fois à manger.

Une existence bien courte. Les abeilles vivent en sociétés composées de trois catégories d'insectes : une reine, seule femelle qui ponde des œufs (environ 2 000 par jour entre avril et juin), des mâles ou faux-bourdons au nombre de 500 à 2 000 et de 40 000 à 60 000 ouvrières, qui sont des femelles stériles. Incapables de se nourrir, les mâles sont affamés ou tués à la fin de l'été. Alors que la reine peut vivre quatre ou cinq ans, les ouvrières ont une longévité de 30 ou 40 jours en été et de six mois pour celles qui passent l'hiver. Durant leur courte existence, ces dernières accomplissent plus ou moins successivement différentes tâches, d'abord à l'intérieur de la ruche (nettoyage, soins aux larves, construction des cellules, stockage des provisions) et ensuite à l'extérieur. Ci-dessus, on voit à gauche une ventileuse qui agite les ailes et empêche la température de s'élever exagérément dans la ruche ; à droite, deux gardiennes et au-dessus, une butineuse chargée de pollen (sur les pattes), le jabot rempli de nectar.

Reine. Longueur : 20 mm.
Faux-bourdon. Longueur : 15 à 17 mm.
Ouvrière. Longueur : 15 mm. Poids : 76 à 82 mg.

Le philanthe apivore, sorte de guêpe solitaire, est l'un des ennemis naturels de l'abeille domestique. A gauche, il surprend une butineuse et la paralyse en la piquant. Puis il la transporte (au centre) jusqu'au terrier qu'il a creusé dans un talus (à droite), et pond sur elle un œuf. La larve qui en sortira aura ainsi à sa disposition une source de nourriture fraîche puisque l'abeille n'est pas morte. En général, le philanthe place deux ou trois abeilles paralysées côte à côte dans son nid.

A gauche, patte d'ouvrière. A droite, extrémité de la patte avec les griffes et la ventouse qui permet à l'abeille de se déplacer sur les surfaces lisses, etc. En haut, têtes de reine (1), de faux-bourdon (2) et d'ouvrière (3), vues de face. Le faux-bourdon a d'énormes yeux comparés à ceux des deux autres.

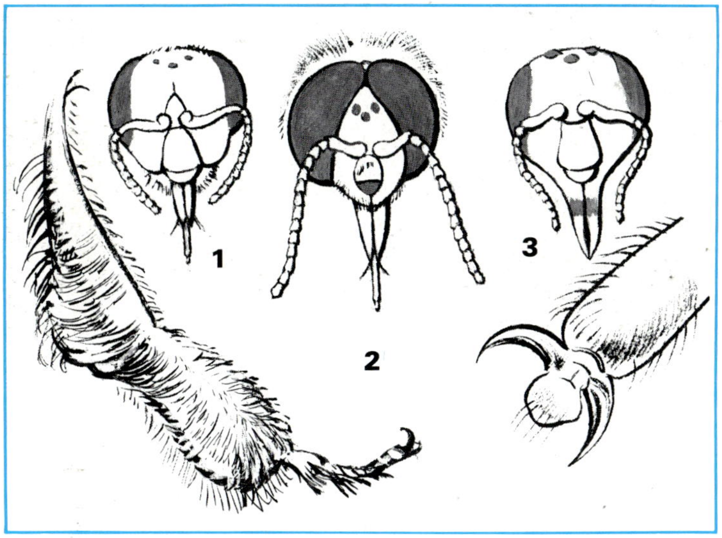

Ci-dessous, développement de l'abeille. De droite à gauche, œuf, larve. Les ouvrières la nourrissent pendant six jours, après quoi l'alvéole est fermé et la larve se transforme en nymphe. A gauche, nymphe d'où sortira une jeune abeille. Au total, les métamorphoses durent vingt et un jours après la ponte de l'œuf.

A droite, deux abeilles en train de butiner, c'est-à-dire de sucer le nectar des fleurs avec leur trompe, longue de 6,5 mm. Certaines abeilles parcourent 100 km par jour entre la ruche et les fleurs. Elles s'orientent d'après la forme des fleurs, leurs couleurs, leur odeur et la position du soleil.

L'âne et le mulet

Petit mais résistant. Capable de porter de lourdes charges, l'âne a été longtemps employé pour tirer des charrettes et on l'appelait souvent « le cheval du pauvre ». En effet, sa faible taille, sa sobriété et sa patience étaient avantageuses dans les petites fermes des régions accidentées ou sèches ; mais il a souffert d'une réputation injustifiée d'entêtement et d'indocilité, c'est pourquoi on le maltraitait souvent.
L'âne domestique est probablement issu des ânes sauvages d'Afrique du Nord et sa domestication remonte à cinq ou six mille ans. Selon sa race, il a un pelage plus ou moins épais ; à cet égard, l'âne du Poitou, de grande taille, a une véritable fourrure alors que les sujets de faibles dimensions ont généralement des poils assez courts.
Un animal « artificiel ». Aujourd'hui, en France, l'âne est devenu rare et le mulet se trouve dans une situation analogue. Contrairement à l'âne qui est une espèce animale bien distincte, tout comme le cheval, la vache ou le mouton, le mulet est un hybride, c'est-à-dire un animal provenant du croisement artificiel, imposé par l'homme, entre le cheval et l'âne. En faisant s'accoupler un âne mâle (appelé baudet) et une jument (cheval femelle) on obtient un mulet, aux oreilles assez pointues, d'une taille qui est la moyenne de celle de ses parents, mais absolument incapable de se reproduire. Pour avoir des mulets il faut donc toujours accoupler âne et jument. L'élevage du mulet est encore pratiqué dans le Massif central, le Poitou, les Pyrénées et une partie des Alpes ; cet animal, plus puissant que l'âne, très agile en montagne où il est employé depuis longtemps, subsiste aussi dans d'autres régions, où il tire des chariots, comme ci-dessus dans un vignoble.
Les mules sont des sujets femelles. Les dimensions du mulet varient fortement de la taille d'un âne à celle d'un cheval de selle.
Plus rare, le croisement d'une ânesse avec un étalon donne le bardot, moins apprécié que le mulet.

Ane. Hauteur à l'épaule : 1 m à 1,40 m. Poids : atteint 410 kg.
Longévité : atteint 40 ans.
Mulet. Hauteur à l'épaule : 1,45 à 1,60 m. Poids : jusqu'à 600 kg.
Longévité : atteint 50 ans.

En montagne, le mulet est encore employé pour apporter les provisions aux refuges. Il prend le relais des voitures à l'endroit où la route s'arrête (à gauche). Les charges sont placées sur un bât, sorte de selle destinée à recevoir des paquets (au centre). Le mulet remplace plusieurs porteurs, montagnards habitués à porter des sacs très lourds, et coûte bien moins cher que l'hélicoptère, nouveau moyen de transport en montagne.

A gauche, tête d'âne, au centre tête de mulet, à droite pied de l'âne. Le cri de l'âne (braiment) est souvent traduit par les deux syllabes « hi-han ». On l'entend de loin. Les oreilles du mulet sont nettement plus longues que celles du cheval et ressemblent à celles de l'âne.

Cet ânon est né depuis peu car il ne se tient pas encore bien debout. Chez l'ânesse la gestation dure 375 jours. L'ânon est sevré à l'âge de six mois environ. L'âne se contente d'une nourriture relativement grossière si on la compare à celle du cheval. Les plantes coriaces ne le rebutent pas.

De gauche à droite, grand mulet, bardot et âne. Le bardot est beaucoup plus rare que le mulet. Il hennit comme le cheval alors que le mulet brait ; la voix de ces deux hybrides est donc un caractère hérité du père. A la différence de l'âne, le bardot a des oreilles plus courtes, et la tête plus longue.

Le canard

Un lourdaud. Quelle différence entre un canard de la race de Pékin, tout blanc, et le canard colvert sauvage ou entre celui-ci et le coureur indien qui tient le corps vertical quand il marche ! Le colvert niche dans une grande partie de la France et hiverne en bandes nombreuses durant la mauvaise saison sur nos lacs et nos étangs.

Les transformations de cet oiseau, ancêtre de certaines races domestiques comme celle du canard de Rouen, ont affecté sa coloration et sa silhouette. D'autres races résultent de croisements avec des espèces sauvages différentes. Comme la plupart des oiseaux domestiqués, le canard de Rouen est un lourdaud par rapport à son cousin libre, mais ses couleurs sont les mêmes. En revanche, il se dandine gauchement quand il marche et peut à peine s'envoler ; l'oiseau sauvage, par contre, franchit à tire-d'aile des centaines ou des milliers de kilomètres au cours de ses migrations entre l'ouest et le nord de l'Europe ou le Canada et le centre des États-Unis. Une autre modification, moins apparente, concerne le nombre des œufs pondus : l'homme a réussi à obtenir des races de canards produisant par an jusqu'à trois cents œufs (de 55 à 70 g) alors que le colvert pond une seule fois par an de huit à douze œufs du même poids.

Un américain. Un autre canard domestique très répandu, le canard de Barbarie (ci-dessus en vol) nous vient d'Amérique du Sud d'où il a été importé au XVIe siècle. C'est un oiseau percheur dont la coloration noire d'origine a moins varié, bien que certains sujets soient blanc et noir, voire tout blancs. Le canard de Barbarie ou canard musqué est également reconnaissable aux excroissances roses qui entourent la base de son bec. Tous ces oiseaux aiment barboter dans les mares, fouillant la vase où ils trouvent une partie de leur nourriture ; dans les élevages, on obtient des canetons pesant 2,5 kilos à l'âge de deux mois.

Canard de Rouen. Longueur : 55-65 cm. Poids : 4 kg.
Longévité : environ 30 ans.
Canard de Barbarie. Longueur : 80 cm. Poids : 5 à 6 kg.

Le canard colvert sauvage fréquente toute l'année les étangs et les lacs dont les rives sont envahies par la végétation (roseaux, joncs, etc.) (à gauche). Dans les régions où il est chassé, il se nourrit au crépuscule et au début de la nuit (au centre) ; à l'aube, il revient dormir au milieu des plans d'eau (à droite). L'hiver, il vit en bandes souvent très importantes, qui ont les mêmes habitudes.

Chez les canards domestiques, mâle et femelle diffèrent par la forme de la tête et du bec. En haut, canards de Barbarie, mâle à gauche et femelle à droite. En bas, canards de race commune issus de colverts, mâle à gauche et femelle à droite. Le mâle a des couleurs plus vives.

A l'état sauvage, le canard colvert pond au bord de l'eau, sous un buisson, dans les hautes herbes ou dans un arbre creux. Les œufs sont couvés par la cane durant 28 jours environ. Les canetons sont recouverts de duvet et ne commenceront à voler qu'à l'âge de deux mois.

Parmi ces canards domestiques qui nagent ou se reposent au bord d'une mare, un mâle (en haut à droite) est en train de chercher sa nourriture au fond de l'eau. Il a enfoncé l'avant du corps sous la surface et seuls son arrière-train et ses pattes restent visibles.

Le chat

Un indépendant. Le chat fait partie de la maisonnée, vient se chauffer dans la cuisine ou la salle de séjour, boit un peu de lait, mange des déchets de viande (ou des aliments en conserve), dort une partie de la journée mais va dans les prairies du voisinage, le jardin ou le verger pour y capturer, par jeu semble-t-il, des campagnols ou des mulots. Il va et vient quand cela lui plaît et n'obéit pas à ses maîtres. C'est un indépendant qui vit près des habitants de la ferme et, malgré les apparences, leur est quand même très attaché.

Tantôt admiré, recherché et même jadis considéré comme un animal sacré, il a été à certaines époques (par exemple au Moyen Age) regardé comme un être diabolique, surtout s'il était noir. Malgré sa familiarité, il demeure mystérieux, mais séduit toujours par sa nonchalance, sa souplesse, la finesse de ses sens et son habileté. Le chat domestique provient presque certainement d'un ensemble de races de chats sauvages qui habitaient l'Europe, l'Afrique du Nord et l'Asie.

Sa domestication, relativement récente, daterait probablement de quatre mille ans et aurait été achevée il y a trois mille ans, en Égypte où il détruisait les rongeurs qui dévoraient les stocks de grains. En Europe il a dû faire son apparition il y a un peu plus de deux mille ans dans l'est du continent. A l'ouest il ne fut introduit que plus tard, vers le IVe siècle, en Italie, et seulement au Xe siècle, en Angleterre.

De faux chats sauvages. A la campagne, certains chats finissent par se passer de l'homme et se débrouillent tout seuls pour trouver leur nourriture, chassant de petits animaux et notamment de jeunes oiseaux-gibier (perdreaux, etc.). On les appelle chats « harets ». Habitués à une existence libre, ils ont souvent des dimensions légèrement supérieures à celles des chats de ferme et on les confond avec le véritable chat sauvage. Beaucoup plus rare, habitant des forêts et des broussailles, celui-ci atteint sept kilos, a une tête massive et une queue plus courte, plus épaisse, arrondie à l'extrémité.

Longueur : 45-50 cm (+ queue de 25-30 cm) (race européenne).
Poids : 4 à 5 kg et plus.
Longévité : en moyenne 14 ans (maximum environ 25 ans).

Même si on lui donne à manger, le chat aime chasser aux environs de la ferme (à gauche). Ayant entendu du bruit dans les herbes, il se tapit et surveille l'apparition d'un petit mammifère. Dès qu'il l'a repéré, il s'approche en rampant et, avant de bondir (à droite) semble calculer la distance à franchir. Celui-ci a capturé une musaraigne mais il ne la mangera sans doute pas, car cet animal répand une odeur désagréable. De la même façon, le chat s'empare des jeunes merles et des petits moineaux.

La coloration du chat domestique de race commune est très variable. Le chat a des griffes rétractiles : ici elles sont sorties (en haut à gauche). En haut à droite : en pleine lumière la pupille de ses yeux est contractée ; dans la pénombre, elle se dilate et devient ronde.

Les chatons sont très joueurs ; malgré des cabrioles étonnantes, ils semblent ne se faire aucun mal, tellement ils sont souples et légers. Ils naissent après une gestation de neuf semaines environ, couverts de poils mais les yeux fermés. Leur mère les lèche fréquemment.

Cette chatte a eu deux fois des petits la même année. A droite, les petits sont nés depuis peu ; à gauche, leurs aînés sont déjà sevrés et mangent de la viande depuis plus d'un mois. Le nombre des chats peut augmenter très vite ; même à la campagne, on est obligé de le réduire en donnant des chatons ou en noyant une partie des nouveaux-nés. Ceci peut paraître cruel mais, en réalité, l'est moins que d'abandonner ou de mal traiter les animaux.

Les moineaux

Une existence mouvementée. Les moineaux ont la réputation de former des couples stables qui durent toute la vie… mais l'existence de ces petits oiseaux est bien courte ! En réalité, il est rare qu'un mâle et une femelle puissent élever ensemble des nichées deux années de suite, l'un ou l'autre disparaissant auparavant. Il nous semble que ce sont les mêmes individus qui piaillent dans la cour de la ferme ou sur le toit mais, en fait, d'une année à l'autre, beaucoup ont changé. Ainsi, un moineau friquet mâle, reconnaissable à la bague dont on l'avait muni, s'accoupla avec cinq femelles différentes en l'espace de quatre ans et éleva avec elles douze nichées ! Plus campagnard que le domestique, le friquet place son nid dans les arbres creux, les trous des vieux murs, les gros pommiers des vergers. Plus citadin, son cousin le moineau domestique (ci-dessus) préfère les villes, villages et hameaux, donc la présence de maisons groupées. Associés à l'homme depuis six mille ans peut-être, les moineaux l'ont accompagné à mesure qu'il devenait éleveur et cultivateur. Les femelles pondent généralement trois fois au cours de la belle saison, et cette fécondité est nécessaire pour compenser les pertes qui sont très lourdes.

Parfois indésirables. Au printemps, les deux moineaux mangent des insectes et nourrissent leurs petits avec des pucerons, chenilles et chrysalides, mais le reste de l'année ils consomment des graines de plantes sauvages et cultivées (céréales, orties, mouron, chardon) ; en outre, ils savent profiter de celles que l'on distribue aux volailles, c'est pourquoi ils deviennent indésirables s'ils sont très nombreux. Il faut ajouter que dans ce dernier cas ils salissent souvent la nourriture des animaux domestiques avec leurs crottes. Enfin, les nids du moineau domestique bouchent les gouttières, les conduits d'aération et même les cheminées.

Moineau friquet. Longueur : 14 cm. Poids : 23-29 g. Envergure : 22 cm.
Moineau domestique. Longueur : 15 cm. Poids : 25-35 g.
Envergure : 24 cm.
Longévité. Moineau domestique : 18 ans (maximum).

A la fin de l'hiver, les moineaux mâles se pavanent devant les femelles en pépiant (à gauche). Ils se disputent (au centre) et il arrive qu'ils ne fassent pas attention au chat qui en profite pour en saisir un (à droite). A l'époque de la formation des couples, on voit souvent des groupes de moineaux mâles poursuivre une femelle en criant bruyamment. Une fois le couple établi, les deux partenaires seront toute leur vie fidèles l'un à l'autre.

Chez le moineau domestique (en haut), mâle et femelle adultes sont bien différents. La femelle (à gauche) a la tête brune et beige alors que le mâle (à droite) a le dessus de la tête gris, les joues blanches et la gorge noire. Chez le moineau friquet (en bas), mâle et femelle ont la même coloration.

Le moineau domestique place son nid dans les hangars abritant les tracteurs et autres machines agricoles, sous le rebord des toits, dans les trous de muraille, etc. Peu soigné, construit avec des brins de paille et des herbes sèches, il est tapissé de plumes de poule et contient de 4 à 6 œufs.

A partir du mois d'août et jusqu'en avril, les jeunes moineaux forment des groupes de cinq à deux cents oiseaux qui parcourent champs et prairies à la recherche de graines. Ils dorment dans les buissons et les haies, où ils passent également une partie de la journée. Les adultes ne s'éloignent guère à plus de quinze cents mètres de l'endroit où ils ont niché, alors que les jeunes s'aventurent à plusieurs kilomètres de leur lieu d'origine.

Les chauves-souris

Radars en miniature. Malgré l'obscurité, les chauves-souris parviennent à éviter les branches d'arbres ou les murs et à détecter les insectes dont elles se nourrissent exclusivement. Véritables radars en miniature, elles émettent par la bouche ou les narines des ultra-sons que nous ne pouvons pas entendre. Si elles rencontrent un obstacle, ces ondes sont réfléchies sous forme d'échos que les chauves-souris perçoivent grâce à leur ouïe très fine. Elles peuvent ainsi se guider avec sûreté dans la nuit et capturer leurs proies à une vitesse phénoménale : une cousine de notre pipistrelle, la plus commune des chauves-souris campagnardes (ci-dessus), peut saisir environ cinq cents moucherons en une heure. Dans le même temps, le grand rhinolophe fer-à-cheval remplit son estomac de 4,5 grammes d'insectes, soit presque le quart de son propre poids.

C'est au XVIIIe siècle que deux savants, un Italien et un Suisse, découvrirent que les chauves-souris évitent les obstacles durant leurs vols nocturnes, mais ce fut seulement en 1938 que l'on démontra qu'elles utilisent les échos des ultra-sons pour s'orienter.

La vie au ralenti. Les chauves-souris ont également la faculté d'échapper au froid de la mauvaise saison et à l'absence d'insectes en hibernant, c'est-à-dire en vivant au ralenti, cachées dans des grottes, arbres creux, greniers où elles attendent le retour des beaux jours et de leurs proies. Immobiles, suspendues la tête en bas aux parois de rocher ou aux poutres, elles ne mangent pas pendant plusieurs mois. Leur température tombe à 6 ou 10 degrés, leur cœur bat 10 à 15 fois par minute (au lieu de 700 fois quand elles volent) et elles vivent sur les réserves de graisse qu'elles ont accumulées en automne. Leur poids passe ainsi de 25 à 29 grammes à 19-22 grammes entre octobre et la fin du mois d'avril.

Grand rhinolophe fer-à-cheval. Longueur : 5,5-7 cm. Poids : 16-18 g.
Envergure : 35-40 cm. Longévité : 22 ans (maximum connu).
Pipistrelle. Longueur : 3-5 cm. Poids : 3-8 g.
Envergure : 18-23 cm. Longévité : 10 ans.
Oreillard. Longueur : 4-5 cm. Poids : 5-11 g.
Envergure : 21-26 cm. Longévité : 14 ans.
Grand murin. Longueur : 6,5-8,5 cm. Poids : 20-42 g.
Envergure : 35-45 cm. Longévité : 18 ans.

Le jour, ces oreillards dorment accrochés aux murs d'une vieille grange (à gauche). La nuit, ils se réveillent, sortent et survolent les abords de la ferme pour chasser des insectes (au centre), mais il leur arrive de se faire prendre par la chouette effraie (à droite), qui, elle aussi, est active la nuit et se repose dans un grenier, un hangar ou un pigeonnier. Les chauves-souris ne représentent toutefois qu'une faible part de son régime.

A gauche, tête d'oreillard, ainsi appelé en raison de ses très longues oreilles (elles mesurent de 33 à 38 mm). A droite, une pipistrelle, l'une des chauves-souris les plus communes chez nous. En bas, tête de rhinolophe fer-à-cheval : au-dessous des yeux, des bourrelets entourent les narines.

Femelle de grand murin portant son petit en vol. Normalement, les jeunes restent dans le grenier où ils sont nés et leurs mères ne les transportent que si elles sont dérangées. A l'époque de la reproduction, les femelles de cette espèce se groupent (parfois au nombre de plusieurs centaines) pour mettre au monde leur unique petit, qui pèse environ 6 grammes.

Le grand murin est une chauve-souris qui passe la belle saison dans les clochers, les arbres creux et l'hiver dans des grottes, en groupe ou isolément. Celui-ci va saisir un hanneton avec ses dents aiguës. Les insectes qu'il capture sont généralement de forte taille.

Le cheval

Remplacés par des tracteurs. En 1911, il y avait en France trois millions deux cent mille chevaux de ferme servant au trait ou destinés à la boucherie ; en 1981, on n'en comptait plus que quatre cent mille, soit environ la moitié du total actuellement existant, les autres étant les chevaux de selle. Cette diminution est due au développement de l'automobile et à la mécanisation de l'agriculture. En effet, c'est surtout depuis 1950 qu'il y a eu une très forte baisse des effectifs de chevaux de trait, puisque cette année-là il y en avait encore deux millions quatre cent mille. Malgré ce déclin, le cheval continue d'être utilisé, car il présente des avantages par rapport aux tracteurs : il est moins cher à l'achat et sa longévité est un atout. Par contre, son travail achevé, il faut le nourrir, le soigner, et l'agriculteur ne peut s'absenter longuement alors qu'un tracteur peut attendre plusieurs jours le retour de son propriétaire...
Les races bretonne, comtoise, ardennaise et percheronne restent les plus importantes, les autres étant représentées par un très petit nombre d'animaux. Les chevaux percherons et bretons atteignent ou même dépassent 800 kilos, les ardennais pèsent 600 kilos au moins alors qu'un cheval de selle pèse en moyenne de 400 à 450 kilos.

Les derniers chevaux sauvages. Les premiers essais de domestication du cheval ont peut-être eu lieu il y a six mille ans, au Proche-Orient, où on l'utilisa d'abord pour le monter et ensuite pour traîner des chariots. Aujourd'hui, les derniers chevaux sauvages se trouveraient aux confins de la Mongolie et de la Chine ; ce sont les chevaux de Przewalski, du nom de l'explorateur russe qui les découvrit et les décrivit au XIXe siècle. Les autres races de chevaux sauvages, appelés tarpans, ont disparu à la même époque.

Hauteur à l'épaule : très variable selon les races : 95-105 cm pour le poney Shetland, 1,65 m pour les bretons et boulonnais.
Poids : de 160 à 220 kg (poney Shetland) à 800 et même 1 200 kg (percheron).
Longévité : 40 ans (60 ans maximum).

Afin d'éviter une usure trop rapide, on cloue des fers sous les sabots des chevaux. A gauche, le maréchal-ferrant (artisan qui ferre les chevaux) a soulevé la patte d'un cheval et lime la corne pour que sa surface soit dépourvue d'irrégularités ; prenant avec des tenailles un fer rougi au feu, il le met en place (au centre). Au contact du métal, la corne brûle en fumant. A droite, les clous sont enfoncés à coups de marteau.

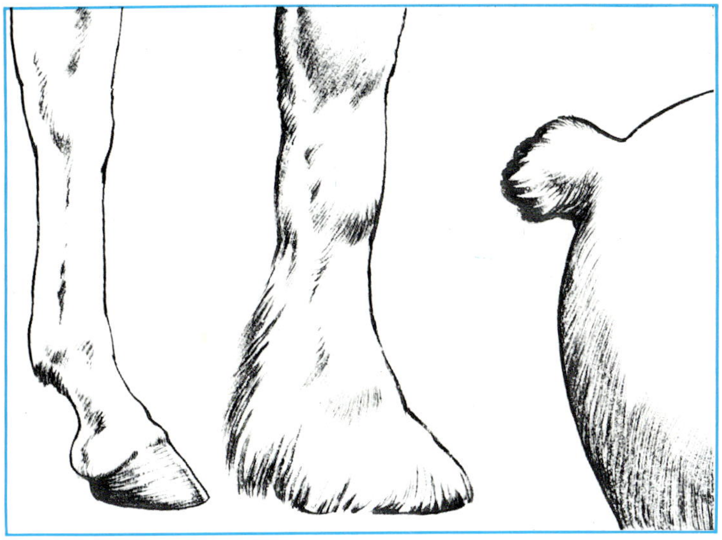

A gauche, patte d'un cheval de trait ; au centre, celle d'un cheval aux pâturons très velus (le pâturon est la dernière partie de la patte, avant le sabot). La touffe de longs poils qui forme la majeure partie de la queue est taillée plus ou moins court. A droite, on l'a réduite à sa plus simple expression.

Cette jument lèche son poulain. Chaque portée compte un seul petit qui naît au bout de 320 à 355 jours de gestation. Une ou deux heures après sa venue au monde, le poulain parvient à se mettre debout. Il cesse de boire le lait de sa mère à l'âge de six ou sept mois.

On utilise encore parfois des chevaux pour transporter les algues qui serviront d'engrais dans les champs proches de la mer. Ici, les chevaux sont attelés l'un derrière l'autre, mais dans un autre type d'attelage, que l'on employait couramment autrefois pour tirer les charrues, ils étaient placés côte à côte, au nombre de deux ou même trois si la terre était particulièrement lourde.

La chèvre

Une tondeuse vivante... Les ossements les plus anciens que l'on puisse attribuer à des chèvres plus ou moins domestiques remontent à près de dix mille ans et ont été trouvés au Proche-Orient. Il semble que plusieurs espèces sauvages aient été à l'origine de la chèvre domestique, notamment la chèvre aegagre, qui survit sur l'île de Crète, en Turquie et en Iran, mais des bouquetins et des markhors asiatiques ont peut-être joué un rôle dans la création de certaines races.

Peu exigeante sur la qualité de la nourriture, la chèvre a depuis longtemps la réputation de détruire la végétation : on lui a attribué, en partie du moins, la disparition des forêts dans la région méditerranéenne. Après avoir rasé l'herbe et les autres petites plantes, elle s'en prend aux feuilles et aux rameaux des arbres et des buissons, se dressant sur ses pattes postérieures pour atteindre ce qui est normalement hors de sa portée. Quand le tronc est incliné, elle n'hésite pas à monter sur un arbre et peut ainsi poursuivre son œuvre dévastatrice plus commodément ! Ces chèvres mangent du foin (ci-dessus), qui forme une partie de leur alimentation en hiver, le reste pouvant consister en feuilles et éventuellement en aliments composés. Il s'agit d'animaux élevés en enclos.

... qui fournit beaucoup de lait. De nos jours, en France, les chèvres sont surtout élevées pour la production de lait (plus de 450 000 tonnes par an), destiné à la fabrication de fromages au goût original. Il y en a presque un million, principalement dans le sud-est, le centre-ouest et le centre, mais entre 1929 et 1980 leurs effectifs ont diminué de moitié. Les races les plus répandues sont l'alpine chamoisée, de couleur brun roux dessus, avec le ventre et le bas des pattes noirs et une raie foncée au milieu du dos, et la Saanen, qui est toute blanche. Parmi les autres on compte la poitevine, au pelage brun.

Alpine chamoisée
Hauteur à l'épaule : 70-80 cm.
Poids : 50-80 kg.

Ces chèvres broutent les herbes (à gauche) et les buissons (au centre) d'une friche. Après leur séjour prolongé ou leur passage répété, la végétation porte des traces durables de leur présence : l'herbe ne pousse plus que par endroits et les arbrisseaux ont le même aspect qu'en hiver (à droite). Ces dégâts sont devenus plus rares maintenant, car les troupeaux sont élevés dans des enclos et on leur distribue des aliments qui favorisent la prise rapide de poids ou la production de lait.

En haut à gauche, tête de jeune chèvre (chevreau s'il s'agit d'un mâle, chevrette si c'est une femelle). A droite, tête de chèvre adulte. Les mâles sont appelés boucs. En bas à gauche : la chèvre n'a que deux trayons ; elle fournit de 300 à 1 500 litres de lait par an. A droite, empreinte de chèvre.

Pour empêcher les chèvres de vagabonder, on leur met un collier auquel on attache une chaîne fixée à un piquet ; ou bien, si elles se trouvent dans une prairie entourée de haies, on place autour de leur cou un triangle de bois (le cornadis) qui les empêche de passer entre les buissons.

Les jeunes chèvres naissent après une gestation de cinq mois. Il y en a généralement une ou deux. Seules les chevrettes sont élevées pour la production de lait et de viande ; on garde aussi quelques mâles pour la reproduction. Également appelés cabris, les jeunes sont très vifs.

Le chien

Une extraordinaire finesse. Certains chiens ont un odorat d'une finesse extraordinaire, qui s'explique par le très grand nombre de petits organes sensibles aux odeurs — les cellules olfactives — situés à l'intérieur de leur museau ; il peut y en avoir jusqu'à 225 millions, alors que l'homme en a seulement 500 000 ! Ce chien et cette chienne de race indéterminée se sont repérés à l'odeur. Le mâle est attiré par l'odeur que répand l'urine de la chienne, surtout quand elle est en « chaleurs », c'est-à-dire capable de se reproduire. Il peut la trouver même si plusieurs kilomètres les séparent. De son côté, la chienne est attirée par les marques odorantes que laissent les mâles. Ces derniers sont polygames et s'accouplent avec plusieurs chiennes successivement.
Le plus ancien. Les chiens de ferme sont souvent des bâtards issus de nombreux croisements entre des sujets de races différentes. Les uns sont bons pour la garde et leurs aboiements avertissent de l'arrivée d'un inconnu ; d'autres sont plus doués pour la surveillance des vaches et des moutons et les empêchent de se disperser. Enfin, il en est qui aident efficacement leur maître quand il va à la chasse. Le chien vit avec l'homme depuis des milliers d'années. On ignore encore l'origine des principaux types, dont certains ressemblent aux loups. Les savants croient d'ailleurs que plusieurs espèces de ces carnivores sont les ancêtres de notre fidèle compagnon. Ils pensent que le chien est le plus ancien des animaux domestiques : des vestiges qui lui sont attribués datent de 14 000 à 12 000 ans avant notre ère et ont été découverts dans une grotte en Irak. Il y a deux 2 000 ans, les Romains et les Égyptiens élevaient déjà plusieurs races, mais aujourd'hui on en a répertorié plus de quatre cents. Chez nous, les chiens les plus anciennement connus sont le lévrier, le dogue, l'épagneul et le chien de Saint-Hubert.

Hauteur à l'épaule : très variable. Exemples : berger picard, 60-65 cm ; fox-terrier, 30 cm.
Poids : très variable. Exemples : berger picard, 19-23 kg ; fox-terrier, 8 kg.
Longévité : une vingtaine d'années.

Dans la journée, le chien se prélasse au soleil ou s'abrite dans sa niche quand il fait trop chaud (à gauche). Le besoin d'activité le pousse à fureter près des bâtiments ; trouvant un rat, il saute dessus ou l'ignore (au centre). La nuit, attaché à sa chaîne, il aboie furieusement si quelqu'un passe devant la ferme ou si une voiture s'arrête à proximité : aucun étranger ne pourra pénétrer sans qu'il en ait averti ses maîtres (à droite). Dans la journée, on lui laisse souvent la garde de la maison.

Les chiens bâtards présentent une ressemblance partielle plus ou moins prononcée avec l'une des races dont ils dérivent. En bas à gauche, chien de type « bouvier » mais plus petit ; en haut à droite, celui-ci a l'aspect d'un fox-terrier ; en bas à droite, type se rapprochant du berger allemand.

Les chiots (jeunes chiens) naissent après une gestation de deux mois environ (65 jours). Il y en a de deux à dix ou plus. Ils ont les yeux fermés et ne les ouvrent qu'au bout d'une dizaine de jours. C'est seulement à trois semaines qu'ils marchent correctement. On les sèvre à six semaines.

Très attentif, ce chien empêche les vaches de s'attarder sur le chemin de l'étable. Si l'une d'elles s'écarte, il la forcera à rejoindre les autres en aboyant ou en lui mordant une patte. Pour la garde des moutons, on utilise souvent des chiens de race spéciale comme le berger briard aux yeux cachés par de longs poils hirsutes ou le berger des Pyrénées, très velu également. Deux ou trois de ces chiens suffisent pour garder des troupeaux de plusieurs centaines de bêtes.

Le dindon

Une augmentation extraordinaire. En 1929, on évaluait à un peu plus de deux millions le nombre des dindes et dindons élevés en France. Cinquante ans plus tard, il y en avait presque huit fois plus ! Alors que l'élevage de l'oie domestique est en régression, celui de la dinde se porte bien. Ce gros oiseau n'a été introduit en Europe qu'au XVIe siècle, en provenance de l'Amérique centrale où les Mayas l'élevaient bien avant l'arrivée des colons espagnols. Sur ce continent, des oiseaux de couleur blanche étaient gardés en captivité mais ce fut beaucoup plus tard que l'on créa les races les plus appréciées maintenant, comme le Petit blanc de Beltsville, au plumage immaculé, ou le Bronzé. Les dindons vivant en semi-liberté se nourrissent en partie d'insectes, vers, graines, qu'ils trouvent dans leur enclos. Ceux-ci ont découvert une couleuvre à collier et font cercle autour d'elle avant de la cribler de coups de bec.

Plus nombreux en captivité que dans la nature. Le dindon sauvage vit encore dans les bois formés d'arbres clairsemés, au Mexique et dans une grande partie des États-Unis où il a bien failli disparaître, victime d'une chasse abusive. Des mesures de protection l'ont sauvé de l'extinction, mais les oiseaux domestiques sont beaucoup plus nombreux que leurs ancêtres sauvages.

Le dindon n'a guère changé d'aspect après sa domestication. Il s'est surtout alourdi, a parfois une couleur différente ; sa taille et son poids ont augmenté, mais son comportement est resté presque le même. En effet, l'oiseau sauvage se déplace surtout en marchant et ne s'envole que pour passer la nuit dans un arbre.

La Bretagne et les Pays de Loire sont les deux principaux centres de l'élevage du dindon en France, et près des trois quarts des oiseaux produits chez nous en sont originaires. La sélection a porté sur l'obtention d'oiseaux à croissance rapide et capables d'atteindre un poids important.

Longueur : 90 cm-1,20 m. Poids : jusqu'à 18 kg pour les mâles et 13 kg pour les femelles.

Un couple de dindons ; à gauche la femelle ou dinde et à droite le mâle, qui se pavane devant elle en déployant les plumes de ses ailes et de sa queue. De temps à autre, il glougloute, c'est-à-dire crie en gonflant la petite trompe charnue qui pend au-dessus de son bec. A droite, un autre mâle s'est approché et le premier va le mettre en fuite en lui donnant de vigoureux coups de bec. Après ces batailles, certains oiseaux sont blessés plus ou moins sérieusement.

Une patte de dinde (les mâles possèdent un ergot à l'arrière de la patte). Tête de dinde (à gauche) et de dindon (à droite), aisément reconnaissable à sa trompe pendante. Le mâle possède aussi sur la poitrine une touffe de plumes raides, noires, semblables à des poils.

A gauche, tête de jeune dindon âgé de deux mois environ : les caroncules apparaissent. Ce sont des excroissances de peau nue, rose ou rouge, qui peuvent se gonfler de sang quand l'oiseau est excité. A droite, poussin (dindonneau) tout juste sorti de l'œuf. L'incubation dure 28 jours.

Vu de face, le dindon en train de parader est particulièrement imposant. Il fait la roue en écartant les plumes de la queue et laisse pendre celles des ailes. Cette démonstration a pour effet d'attirer la femelle et de la préparer à la reproduction. Le dindon s'accouple avec une dizaine de dindes.

L'hirondelle

Une mémoire prodigieuse. Chaque année, en automne, les hirondelles se rassemblent sur les fils électriques avant de partir pour l'Afrique où elles passeront l'hiver au sud du Sahara. Quand elles reviennent chez nous à la fin de mars ou en avril, les hirondelles de cheminée auront parcouru au moins 6 000 kilomètres — aller et retour compris —, après avoir survolé prairies, champs et villages, mais aussi la Méditerranée et le désert. Malgré la distance, un certain nombre reviennent dans la ferme où elles ont niché l'année précédente et occupent le même nid ! Quelle mémoire chez un si petit oiseau ! Cette fidélité aux lieux de reproduction a été prouvée en marquant des hirondelles adultes avec des bagues métalliques sur lesquelles est gravé un numéro permettant d'identifier les oiseaux sans risque d'erreur. En les reprenant au nid, on a ainsi constaté qu'il s'agissait bien des mêmes. L'habileté avec laquelle les hirondelles réussissent à retrouver leur chemin tient du prodige, quand on pense à tous les instruments nécessaires aux pilotes d'avion !

Deux cousines. L'hirondelle de cheminée est la plus fréquente à la campagne mais l'hirondelle de fenêtre, qui préfère villes et villages, niche aussi dans les fermes. Elle est plus sociable et souvent plusieurs couples collent leurs nids les uns contre les autres sous le rebord d'un toit. Elle va également passer l'hiver en Afrique tropicale, mais on ne sait pas encore bien où elle séjourne. Elle revient un peu plus tard dans le courant du mois d'avril. Les deux cousines sont de grandes consommatrices d'insectes. En une journée, l'hirondelle de fenêtre peut apporter 240 becquées à ses petits, chacune comprenant au maximum près de 400 insectes. Mouches, moustiques, pucerons, éphémères, fourmis ailées, coccinelles sont les proies le plus souvent capturées ; les libellules et les papillons sont plus rarement avalés, les abeilles, guêpes et frelons sont dédaignés.

Hirondelle de cheminée. Longueur : 20 cm. Poids : 20 g.
Envergure : 33 cm.
Hirondelle de fenêtre. Longueur : 13 cm. Poids : 20 g.
Envergure : 27 cm.
Longévité : 14 ans.

Cette hirondelle de cheminée prend de la boue au bord d'une mare (à gauche) et la porte dans son bec pour construire son nid, collé contre une poutre. Les boulettes de terre sont disposées côte à côte (au centre). L'oiseau y ajoutera de l'herbe sèche (à droite). Un nid comprend en moyenne 1 400 de ces petites mottes et, pour l'édifier, l'oiseau parcourt à peu près 120 kilomètres en allées et venues. Ce travail demande trois à quatre semaines, parfois seulement douze à seize jours si le temps presse.

L'hirondelle de fenêtre (à droite) a la tête bleu foncé, la gorge et la poitrine blanches, la queue (1) faiblement échancrée et une tache blanche en bas du dos. Chez l'hirondelle de cheminée (à gauche), le front et la gorge sont roux et la queue (2) est extrêmement fourchue.

Quand le temps est orageux les hirondelles de cheminée chassent souvent au ras du sol, car les insectes y ont été rabattus par le vent. Elles boivent et se baignent sans cesser de voler. Pendant leurs migrations, elles n'ont pas besoin de faire halte pour manger, il leur suffit d'ouvrir le bec.

Entièrement fermé à l'exception d'une petite entrée, le nid de l'hirondelle de fenêtre (à gauche) est placé sous un balcon, dans le coin supérieur d'une fenêtre ou en haut d'un mur. Au contraire, celui de l'hirondelle de cheminée (à droite) est en forme de coupe. En bas : un petit à la naissance.

Le lapin

Une curieuse habitude. Avant de s'accoupler avec la lapine allongée par terre, ce lapin mâle bondit par-dessus son dos et l'arrose d'urine. Cette curieuse habitude existe aussi chez le lapin de garenne, ancêtre du lapin domestique.
Originaire de la péninsule Ibérique et de l'Afrique du Nord, le lapin a été propagé par l'homme dans une grande partie de l'Europe occidentale et il semble qu'on l'ait domestiqué tardivement, vers les IXe et Xe siècles. Les races actuellement élevées ont été créées il y a deux ou trois cents ans seulement. Depuis trente ans, le nombre des agriculteurs a considérablement diminué en France et les petits élevages de lapins qu'ils entretenaient ont disparu. En outre, en 1952, une maladie mortelle pour tous les lapins sauvages ou domestiques, la myxomatose, a failli faire disparaître l'espèce en de nombreuses régions. Les lapins sauvages sont devenus rares ; certains ont résisté à la maladie et ont réussi à se reproduire, mais il a fallu vacciner tous les lapins domestiques. La vaccination est toujours nécessaire car on n'a pas pu éliminer cette terrible maladie.
Une fécondité étonnante. Sauvage ou non, le lapin se reproduit à grande vitesse : dans certains élevages une lapine met au monde 45 à 55 lapereaux par an. Actuellement, il y a en France un peu plus de cinq millions de lapines et les élevages les plus importants, ceux où l'on compte de cinquante à plusieurs centaines de reproducteurs, sont concentrés dans le Centre-Ouest. Ces lapins sont nourris avec des granulés contenant une dizaine de substances nutritives ; dans les clapiers traditionnels des fermes, ils recevaient des épluchures de légumes, des herbes, des tiges, aliments plus proches de ceux du lapin de garenne. Les lapins nous donnent leur chair très appréciée, mais certains sont exploités pour leur pelage, d'une grande finesse. Ce sont les angoras, dont les poils atteignent 7 à 12 centimètres, soit deux à trois fois plus que ceux des autres races.

Longueur : 60 cm à 1 m selon la race.
Poids : de 3 à 12 kg selon la race.
Longévité : environ 10 ans.

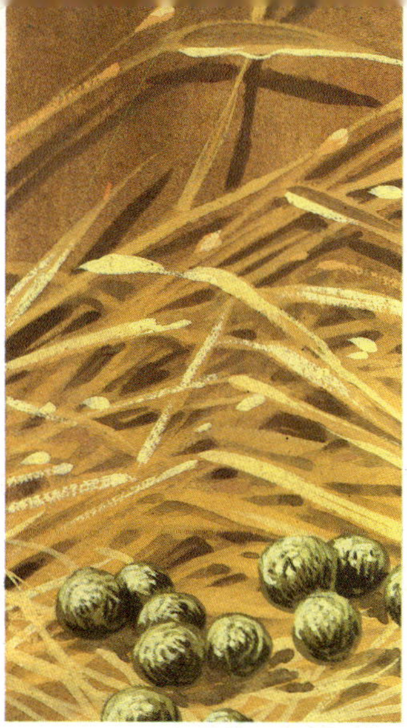

Chez le lapin (domestique ou sauvage), 80 à 100 pour 100 des aliments passent deux fois dans le tube digestif. Dans la journée, le lapin (à gauche) rejette des crottes sèches et rondes (au centre). La nuit, il expulse des crottes molles, sans forme définie, formées de débris d'aliments incomplètement digérés et les avale aussitôt (à droite). Elles traversent l'estomac, l'intestin et une de ses annexes, le caecum, subissent une seconde digestion puis durcissent et s'arrondissent. Ce phénomène est appelé caecotrophie.

La couleur des yeux du lapin domestique varie selon la race. Le bleu de Vienne a les yeux bleus, le blanc de Vendée les a roses. A droite, angora. Craintif, sensible aux dérangements, le lapin a besoin de calme. En dehors de la myxomatose, une autre maladie, la coccidiose, le fait périr.

Les lapereaux naissent aveugles et nus. Ils ouvrent les yeux à partir de sept jours ; durant les trente premiers jours, ils boivent le lait de leur mère, trois fois plus riche que celui de la vache. Ils se déplacent correctement à l'âge de quinze jours. Dans chaque portée il y en a de six à dix.

Chez les lapins de race commune, la coloration n'est pas fixe et on rencontre des animaux au pelage uni ou panaché. Dans de nombreux élevages, les lapins occupent des cages en fibro-ciment, plus durables et qu'il est plus facile de nettoyer. Les cages en bois ont, entre autres inconvénients, celui d'être rongées par les lapins qui y vivent ! La litière est formée de paille. Les cages doivent être à l'abri des courants d'air, de l'humidité et du soleil.

Les mouches et les taons

Elles reviennent sans cesse. Attirées par l'odeur de la transpiration du cheval, l'humidité des naseaux et des yeux des vaches (ci-dessus), les mouches tourbillonnent autour des gros animaux domestiques, cherchant à aspirer les liquides dont elles se nourrissent. Les mouches énervent les bestiaux, qu'elles assaillent toute la journée ; ils les chassent constamment, en secouant la tête, en les balayant avec leur queue ou en tapant du pied, mais elles reviennent sans cesse.

Les taons sont plus redoutables car ils perforent la peau et font des piqûres douloureuses afin de prélever du sang. Moins nombreux que les mouches, ils n'en sont pas moins dangereux car ils peuvent réduire la production de lait, prélevant jusqu'à 100 centimètres cubes de sang en une journée (0,2 centimètre cube à chaque piqûre). Ce sont les femelles qui boivent le sang car les mâles se nourrissent exclusivement de nectar et de pollen.

Elle patine et tombe... La mouche domestique est dangereuse car elle transporte toutes sortes de microbes : après s'être posée sur des bouses de vache ou des crottins de cheval, elle ira dans la ferme et marchera sur des aliments qu'elle souillera. Répandue partout, elle a résisté aux insecticides préparés pour l'exterminer ; même si l'on parvient à l'éliminer presque complètement à l'intérieur des fermes modernes, elle reste présente à l'extérieur.

Mouches et taons ont seulement deux ailes mais font preuve d'une agilité remarquable : en un clin d'œil, la mouche peut se renverser le ventre en l'air pour se poser sur un plafond ; elle marche sans difficultés sur des surfaces aussi lisses que le verre grâce à des coussinets situés à côté des griffes de ses pattes. Ils adhèrent à la fine pellicule d'eau qui se trouve sur tous les solides, sauf si on la supprime avec des silicones. Dans ce cas, on a constaté que la mouche patine sur les vitres et tombe des plafonds !

Mouche domestique. Longueur : 8 mm.
Taon. Longueur : 6 à 24 mm selon l'espèce.
Mouche scatophage. Longueur : 10 mm.

Ces taons se sont posés sur le flanc d'un cheval et vont le piquer. Il s'agit de femelles, dont les mandibules sont modifiées en stylet capable de transpercer la peau (à gauche). Au centre, taon mâle sur une fleur de pissenlit. A droite, un étourneau enfonce son bec dans l'herbe et saisit une larve de taon, contribuant ainsi à réduire le nombre de cet insecte insupportable. Les œufs de taon sont pondus à terre ou sur des plantes basses. Les larves mangent d'autres insectes avant de se métamorphoser.

En haut à gauche, œufs de mouche domestique. Ils mesurent 1 mm de long. La mouche les pond par groupes de 100/150 sur le fumier, les cadavres, les ordures, la viande, etc. Les larves, appelées asticots (en bas) atteignent 6 à 12 mm et se transforment en pupes (en haut à droite).

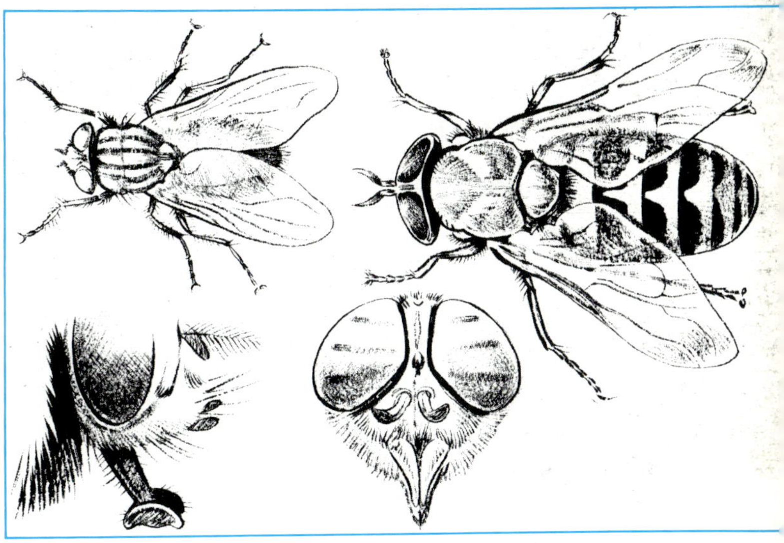

En haut à gauche, mouche domestique ; au-dessous, gros plan de la trompe avec laquelle elle se nourrit. En haut à droite, taon. Au-dessous, sa tête vue de face. Les ailes de la mouche battent 190 fois par seconde, celles du taon 96 fois seulement.

Les mouches scatophages appartiennent à une espèce différente de la mouche domestique. Attirées par l'odeur des bouses de vache, elles pondent dessus et leurs larves se développent à l'intérieur. Ces mouches sont capturées par une huppe, bel oiseau orangé, blanc et noir, au long bec recourbé, qui fréquente les prairies et se nourrit d'insectes vivant par terre, d'araignées, de limaces, de mille-pattes et de petits vers.

Le mouton

Une origine incertaine. L'origine du mouton domestique reste incertaine, mais il semble qu'il dérive de plusieurs mouflons de l'Ancien Monde (Proche et Moyen-Orient). Les plus anciens ossements montrant que l'homme s'intéressait à ces animaux et les contrôlait, ont été trouvés en Irak ; ils remontent à dix mille ans environ. Il y a des mouflons sauvages en Corse et on en a introduit dans le Massif central, les Alpes et les Pyrénées.
Légère et chaude, la laine du mouton est formée de poils développés par la sélection. Elle correspond à la bourre (ou duvet), poils fins situés à la base du pelage des mammifères et qui contribuent à lui donner ses qualités isolantes. Ce sont les moutons de race mérinos qui fournissent la plus grande quantité de laine : la toison (laine tondue) d'un mouton ordinaire pèse environ 1,5 kilo, alors que celle du mérinos mâle (bélier) atteint 9 kilos et celle d'une femelle (brebis) de même race 6 kilos au maximum. Dans cette bergerie moderne (ci-dessus), les moutons sont groupés selon leur âge dans des cases séparées et portent une marque de couleur qui permet de les identifier rapidement.
Un fromage célèbre. En France, environ onze millions de moutons sont actuellement élevés pour la production de viande de boucherie ou pour celle de lait servant à la fabrication de fromages, tel le célèbre roquefort, préparé avec celui des brebis de race Lacaune. Cet élevage est très important dans le Massif central, les Pyrénées, les Alpes du Sud et la Corse, mais les races locales (Charmoise, Limousin, Tarascon, etc.), plus résistantes et peu exigeantes, ayant besoin de soins moins intensifs, ont fortement reculé devant d'autres, plus productives, dont certaines sont le résultat de croisements, telles celles d'Ile-de-France, de South Down et Lacaune. A l'inverse d'autres animaux domestiques, le mouton mange surtout des plantes qui ne sont pas cultivées pour lui et qui croissent à l'état sauvage.

Hauteur à l'épaule : de 50 cm à 1 m selon la race.
Poids : de 50 à 150 kg selon la race, l'âge et le sexe.

Les moutons des régions de montagne ne passent pas l'hiver dans les prairies situées à 2 000 mètres et plus. Ils n'y viennent que pour l'été. Leur voyage entre plaines et montagnes s'appelle la transhumance. Autrefois, les troupeaux circulaient la nuit (à gauche) et passaient la journée à manger (au centre). Aujourd'hui, ils sont transportés en train sur une grande partie du trajet (à droite). La transhumance existe encore entre la Provence et les Alpes et entre les Pyrénées occidentales et leurs contreforts.

A gauche, tête de bélier mérinos, reconnaissable à ses longues cornes enroulées en spirale. A droite, bélier d'une race sans cornes. On appelle couramment mouton le mâle inapte à la reproduction — parce qu'il a subi une opération — mais aussi les femelles dont le nom exact est brebis.

L'agneau est un très jeune mouton. Il naît après une gestation qui a duré près de 150 jours. Celui-ci tète sa mère et se nourrira de son lait pendant trois ou quatre mois, âge auquel on séparera les deux animaux de façon progressive si l'agneau est destiné à la boucherie.

Troupeau de moutons dans une prairie. Le mouton passe pour tondre l'herbe très ras ; mais si elle est épaisse et qu'il bouge peu, il devient trop gros. C'est un animal adapté aux pâturages « maigres » (landes, garrigues, friches en terrain calcaire), ceux où la végétation clairsemée et pas très haute nécessite des déplacements continuels. Ainsi, les moutons des Causses marchent sans arrêt pour trouver suffisamment de nourriture chaque jour.

L'oie

Domestiquée et incapable de voler. Agile, l'oie cendrée voyage chaque année entre la Scandinavie et l'Espagne où ses troupes viennent passer l'hiver. Vigilante, elle ne se laisse pas approcher et s'envole rapidement. Sa finesse, sa vivacité lui permettent donc d'échapper à de nombreux dangers et de survoler l'Europe occidentale à une altitude qui peut dépasser mille mètres. L'oie de Toulouse, race domestique réputée car elle fournit le foie gras, ne lui ressemble guère sauf en ce qui concerne la coloration du plumage, et pourtant elle en est issue directement ! Alourdie, le ventre traînant presque par terre, elle pèse deux ou trois fois plus que sa parente et ne pourrait migrer car elle est devenue incapable de voler. De plus, elle a perdu la tendance à voyager. Alors que les pattes de l'oiseau sauvage sont rosées, celles de l'oie domestique sont orangées. La seconde garde néanmoins certains traits du comportement de l'oie cendrée. Cette transformation radicale n'affecte pas toutes les races d'oies domestiques, inaptes au vol sur de longues distances.

Un foie géant. L'oie domestique est bien connue pour son agressivité : celles-ci écartent un chien en sifflant et, battant des ailes, se précipitent vers lui. Elles n'hésitent pas à pincer avec leur bec l'homme qu'elles ne connaissent pas. L'oie cendrée s'apprivoise facilement et se reproduit bien en captivité, mais pond rarement plus de quarante œufs par an dans ces conditions. En France, l'élevage de l'oie a beaucoup perdu de son importance : en 1929 on estimait les effectifs à 3 800 000 et en 1980 à 960 000 seulement. C'est dans le sud-ouest et le nord-est que l'élevage traditionnel pour la production de foies gras se maintient. Les oies sont gavées avec une nourriture riche et leur foie devient anormalement volumineux : il peut atteindre un poids de deux ou trois kilos, soit presque le tiers de celui de l'oiseau.

Longueur : 70-85 cm.
Poids : 9-10 kg (oie domestique).
2,5-4,5 kg (oie cendrée).
Envergure : environ 1,50 m.
Longévité : 45 ans (oie domestique).

A gauche, cou tendu et tête baissée, ces deux oies en menacent une autre. Au centre, le mâle a mis l'adversaire en fuite et revient vers sa compagne en prenant une attitude triomphante et en criant. Venue à sa rencontre, la femelle le salue en agitant la tête de haut en bas et il lui répond (à droite). Ce comportement de défense entretient la cohésion du couple car les oies vivent unies pendant de longues années, sinon pour toute la vie.

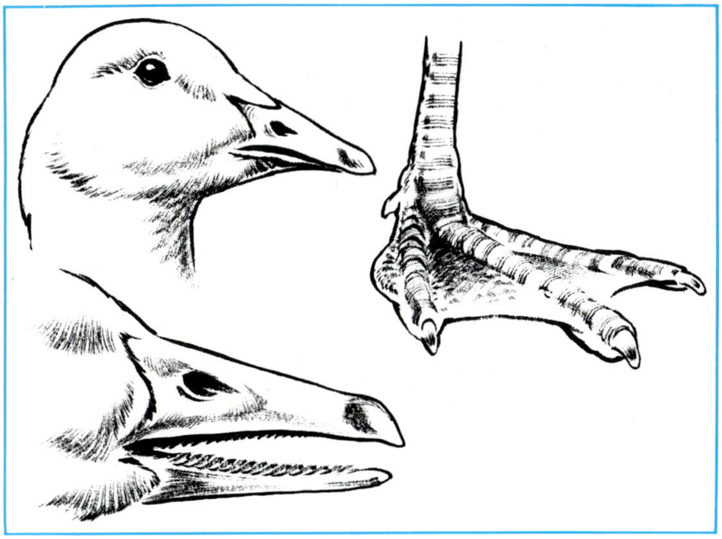

A gauche, tête d'oie domestique blanche et au-dessous, détail du bec : on voit que le bord des mandibules est finement dentelé, ce qui permet à l'oiseau de couper facilement l'herbe qu'il broute. A droite, une patte : les doigts sont réunis par une palmure qui facilite la nage.

Comparaison entre un œuf de poule (le plus petit) et un œuf d'oie (à gauche). L'œuf d'oie atteint 150 à 160 grammes, soit plus du double des gros œufs de poule. Il mesure environ 85 × 60 millimètres. A droite, jeune oison à l'éclosion. Il éclôt après une incubation qui a duré 28 à 30 jours.

Ces oies prennent les grains de blé qui sont tombés par terre après la moisson et aussi les petites plantes sauvages qui se développent une fois que le blé a disparu (stellaire, bourse-à-pasteur, chénopode, etc.), mais ces dernières ne représentent qu'un appoint dans leur alimentation. Elles mangent surtout les feuilles, fleurs et tiges de plantes terrestres (herbes) ou aquatiques (potamot, rubanier, lentille d'eau, etc.) ainsi que des bulbes et des racines.

Le pigeon

Un aliment original. Presque tous les oiseaux nourrissent leurs petits avec des graines, des insectes, des poissons ou d'autres animaux, mais le pigeon domestique dépose dans le gosier des siens une substance produite par les parois de son jabot, poche située non loin de son estomac. De couleur blanchâtre, riche en graisses et en eau, cet aliment très original est distribué pendant les deux ou trois premières semaines. Très vite cependant, des graines y sont progressivement ajoutées. En raison de sa composition, relativement voisine de celle du lait, il a été appelé « lait de pigeon ».

Devenu rare en Europe, le pigeon biset, ancêtre du pigeon domestique, ne niche plus que sur certaines falaises. En France, on le trouve sur les côtes bretonnes et normandes et en montagne (sud des Alpes, Massif central) ainsi qu'en Corse. En revanche, le pigeon domestique est devenu très abondant. Les sujets qui vivent à l'état libre animent les places des villes mais salissent les monuments et les statues... D'autres fréquentent les cours de ferme.

Pigeon vole... ou ne vole pas. Le pigeon voyageur est lui aussi une race domestiquée du biset. Spécialement dressé, il réussit à rejoindre son colombier même s'il s'en trouve très éloigné. Un bon pigeon voyageur peut franchir plus de 800 kilomètres en une journée d'été à la vitesse moyenne de 67 km/heure. L'un d'eux a parcouru 480 kilomètres sans s'arrêter en un peu plus de sept heures.

Il semble que la domestication du pigeon ait commencé il y a environ cinq mille ans en Orient. Deux mille ans avant notre époque, on l'utilisait déjà pour transporter des messages. Actuellement, certaines races destinées à la production de viande sont gardées en cage et ne peuvent plus voler. Beaucoup plus lourdes que les autres, elles atteignent 800 à 850 grammes à l'âge adulte et fournissent chaque année de douze à seize pigeonneaux pesant déjà 500 à 600 grammes à un mois : c'est le cas du mondain.

Longueur : 30-35 cm. Poids : 300-500 g et plus. Envergure : 60-65 cm.
Longévité : 15-20 ans.

Le pigeon de ferme (à gauche) n'a guère qu'un seul prédateur ailé, l'autour des palombes ; mais ce rapace diurne est peu abondant. On a constaté que les pigeons de couleur blanche n'étaient pas capturés en plus grand nombre que ceux qui étaient gris. L'autour tue le pigeon en plein vol (au centre) puis le porte sur un arbre ou à terre pour le plumer avant de le manger (à droite). Étant donné que le pigeon a tendance à proliférer, l'autour est l'un des seuls freins naturels à l'accroissement de ses populations.

Tête de trois pigeons de races différentes. A gauche, un pigeon caronculé : des excroissances charnues entourent son bec. Au centre, pigeon « tambour » caractérisé par sa huppe ébouriffée et des plumes à la base du bec. A droite, pigeon voyageur, plus robuste que le pigeon de ferme ordinaire.

A l'éclosion, les pigeonneaux (ci-dessous) sont couverts d'un duvet jaunâtre. D'abord enfermées dans des tuyaux gris, leurs plumes se développent peu à peu. Ils resteront de 21 à 25 jours au nid avant de s'envoler. Le pigeon biset ne pond que deux œufs et les couve 17 jours. Le nid, fait de brindilles, tiges d'herbes et plumes, est placé dans un grenier ouvert, un trou de mur, un pigeonnier à l'intérieur d'une grange.

Ces pigeons qui s'abattent sur un champ moissonné vont profiter des grains de céréales tombés par terre. La nourriture des pigeons de ferme se compose de graines, de plantes cultivées et sauvages ainsi que de petits escargots. Ces oiseaux ont besoin de boire quotidiennement.

La pintade

Un plumage pointillé. Il y a cent cinquante ans, pintade s'écrivait encore « peintade », orthographe évoquant le nom de « poule peinte » donné à cet oiseau des siècles auparavant, sans doute à cause des taches blanches qui constellent son plumage. Elles semblent en effet avoir été faites par un peintre en raison de leur disposition très régulière. Ces pintades se sont perchées sur une branche pour y passer la nuit. Elles ont conservé cette habitude de leurs parentes sauvages et se trouvent ainsi à l'abri des dérangements et des prédateurs terrestres. Originaire d'Afrique, la pintade fut probablement introduite en Grèce il y a plus de deux mille cinq cents ans et les Romains la propagèrent, mais par la suite il semble qu'elle ait disparu du continent européen. Elle y fut réintroduite au XVIe siècle par les Portugais qui apportèrent des oiseaux provenant d'Afrique occidentale.

La pintade sauvage est répandue dans presque tout le continent noir, au sud du Sahara, mais son aspect varie car la crête cornée qui surmonte sa tête est plus ou moins longue et pointue. En outre, la couleur et la longueur des caroncules sont assez variables.

Un oiseau bagarreur. L'élevage n'a pas beaucoup transformé la pintade. Certes, les sélectionneurs ont obtenu des races blanches ou gris bleu, mais la plupart des oiseaux ont conservé l'apparence de leurs congénères africains et leurs dimensions. En revanche, le tempérament des oiseaux domestiques diffère nettement. En Afrique, la pintade n'est batailleuse qu'à l'époque de la reproduction, alors que chez nous, elle l'est presque toute l'année. Cette agressivité explique en partie le fait que la pintade soit moins répandue qu'elle ne devrait l'être, car sa chair est fine et, une fois adulte, son élevage ne présente pas de très grandes difficultés. Une autre raison se trouve sans doute dans la fragilité des poussins peu après leur éclosion.

Longueur : 55 cm. Poids : 1,3 kg en moyenne.

Ces pintades vont faire le vide autour d'elles (à gauche). Elles s'approchent des poules qui étaient en train de picorer, les chassent en criant et en fonçant dans leur direction (au centre). Menacées, les poules fuient et les pintades profitent des grains qu'elles ont laissés. Cette agressivité oblige les éleveurs à séparer les pintades des autres volailles, surtout à l'intérieur des poulaillers. La pintade est en effet sociable, mais seulement à l'égard de ses congénères !

A gauche, patte de pintade. Chez les mâles il n'y a pas d'ergot, contrairement à ce que l'on remarque chez la poule. On ignore quelle peut être la fonction de l'étrange casque de la pintade (au centre). A droite, plume du corps (tectrice) avec les petites taches qui la décorent.

La ponte de la pintade comprend une quinzaine de petits œufs fauve clair pesant 30 à 40 grammes et qui sont couvés pendant 28 jours. Souvent, l'incubation est faite dans une couveuse artificielle ou confiée à une poule. Ces pintadeaux suivent leur mère adoptive, une poule de race naine.

Ces pintades cherchent leur nourriture dans un pré. Elles mangent des insectes, des escargots mais aussi des graines et des bulbes. Comme les poules, elles grattent la terre pour obtenir certains de ces aliments. De nos jours on pratique l'insémination artificielle des femelles afin de contrecarrer leur tendance à pondre loin des fermes. Les oiseaux sont gardés en cage et l'on obtient ainsi un plus grand nombre d'œufs, par exemple 170 en 43 semaines.

Le porc

Une fabrique de viande. Il y a sans doute près de 9 000 ans que l'homme a entrepris de domestiquer le sanglier, ancêtre du porc domestique, et les premiers essais eurent lieu au Moyen-Orient.

Chez les jeunes porcs de certaines races le poids augmente d'un kilo par jour et même davantage quand l'animal a plus de six mois, la moyenne étant de 800 à 835 grammes. Véritables fabriques de viande, ces porcs résultent le plus souvent de croisements entre différentes races réputées pour la rapidité de leur croissance et la qualité de leur chair. Le poids maximum de 500 kilos chez les mâles de la race Large White, la plus répandue, est atteint par les sujets reproducteurs. Les porcs élevés de façon intensive et destinés à la charcuterie sont tués au bout de cinq mois quand ils atteignent 100 kilos. Durant cette période ils ont absorbé environ 400 kilos d'aliments soigneusement dosés et choisis, dont les trois quarts sont formés de céréales (orge surtout mais aussi blé) auxquelles on ajoute des farines, tourteaux, pommes de terre, topinambours et choux-raves. Cet élevage rapide a pour inconvénients de rendre le porc plus fragile vis-à-vis des maladies et plus sensible aux conditions de vie régnant dans les bâtiments. Au contraire, les porcs élevés de façon traditionnelle, en plein air et en petit nombre (comme ci-dessus) ont une résistance remarquable mais leur croissance est moins régulière et plus lente.

La prépondérance de l'Ouest. Le porc est apprécié pour sa grande fécondité : au bout de 110 à 118 jours de gestation, la truie (femelle du porc) donne naissance à 8-10 porcelets, et chaque année elle peut en produire de 16 à 20 selon sa race. Actuellement, en France, près de 90 pour 100 de la production de porcs sont concentrés dans des élevages où les animaux sont constamment enfermés. Ces exploitations sont très nombreuses en Bretagne, qui fournit à peu près la moitié des porcs élevés dans notre pays.

Poids : mâle, de 260 à 500 kg.
femelle, de 230 à 350 kg.

Ces porcelets (à gauche) sont maintenus dans un enclos où ils recevront une nourriture exactement adaptée à leurs besoins. Les porcs aiment fouiller la terre avec leur groin (extrémité du museau) pour dégager des racines, larves et vers (au centre), mais ils accourent dès qu'on remplit leur auge (à droite), à heures régulières. Comme le sanglier, le porc (ou cochon) est omnivore, c'est-à-dire capable de manger un peu de tout : graines, racines, fruits, feuilles, petits animaux, tubercules, résidus de la fabrication des fromages et du beurre, etc.

A gauche, extrémité de la patte d'un porc : en arrière des deux doigts principaux, on voit l'un des deux doigts secondaires situés plus haut. Au-dessous, la queue du porc est enroulée en « tire-bouchon ». A droite, silhouette de verrat (mâle) en haut et de truie en bas.

Porcelet de race Piétrain tachetée. Les porcelets allaités grandissent comme des champignons car ils doublent leur poids de naissance en huit jours et le quadruplent en trois semaines. Par la suite, ce rythme est maintenu jusque vers cinq semaines.

Truie de race corse accompagnée de ses petits dans un bois de châtaigniers. Cette race se caractérise par son pelage particulièrement épais et foncé, qui la fait davantage ressembler au sanglier que les autres, chez lesquelles les poils (ou soies) sont de couleur pâle. Cette race locale est menacée de disparition par suite de croisements avec les sujets de race Large White.

La poule

Une surprenante diversité. Qu'y a-t-il de commun entre une poule de la race française Faverolles, dont le poids atteint 3,5 kilos et le petit coq Bankiva, l'une des espèces sauvages à l'origine de la poule domestique et qui pèse seulement 700 ou 750 grammes ? La différence est encore plus grande en ce qui concerne le nombre d'œufs pondus en un an : la poule Bankiva pond 5 ou 6 œufs (parfois 8) entre mars et mai dans les forêts de l'Inde et de l'Indo-Malaisie alors que les meilleures pondeuses domestiques en produisent 300 et même plus dans le même laps de temps ! En outre, l'espèce sauvage couve ses œufs alors que, bien souvent, ceux des poules domestiques sont retirés chaque jour. De nombreuses races de poules (ici avec deux coqs), ont été créées par l'homme surtout au XIXe siècle, à partir d'oiseaux sauvages domestiqués il y a quatre à cinq mille ans. Beaucoup ont presque disparu, car on n'a perfectionné que celles qui fournissent rapidement le plus grand nombre d'œufs ou la plus grande quantité de chair.

L'industrie du poulet. A six ou sept semaines, les poulets élevés en cage atteignent le poids de 1 300 à 1 600 grammes et sont vendus pour être mangés. De nos jours, sept ou huit races (Leghorn blanche, New Hampshire, Wyandotte, Rhode Island, Sussex, etc.) sont les plus répandues et diverses races locales ont perdu de leur importance, par exemple en France, les poules de Houdan, la Flèche, Caumont, Barbezieux, etc. Quelques-unes se sont maintenues grâce à la finesse de leur chair (race de Bresse par exemple). Les élevages établis en Bretagne, dans le Nord et la vallée du Rhône produisent un tiers des œufs consommés en France, tandis que les poulets, dont beaucoup proviennent de gros élevages dits industriels, sont en majorité originaires de Bretagne et des pays de Loire. Dans le monde, la poule domestique est probablement l'oiseau aux effectifs les plus élevés.

Poids : Leghorn blanche : 2 kg (coq : 2,5 kg).
Bresse : 2,5 kg (coq : 3 kg).
Sussex : 3 kg (coq : 4 kg).

La poule couve ses œufs 21 jours (à gauche). La formation de chacun exige environ 24 heures, dont 20 pour la coquille. Leur poids moyen varie entre 55 et 70 grammes. Après l'éclosion, les poussins (à droite) suivent leur mère qui les réchauffe et les protège. Contrairement aux hirondelles et aux moineaux, la poule ne leur donne pas la becquée : ils picorent tout seuls et apprennent à manger ce qui est comestible (petits insectes, vers, graines, aliments préparés).

En haut, patte de coq reconnaissable à l'ergot situé au-dessus du doigt postérieur. En bas à gauche, la poule n'a pas d'ergot. Le coq (à droite en haut) se distingue aussi par sa crête et ses barbillons plus développés, sa queue recourbée en faucille et les longues plumes de son cou (camail).

A l'éclosion, les poussins sont revêtus de duvet et ont déjà bon pied bon œil. Leurs ailes très courtes sont encore cachées. Au cours de leurs six premiers mois, ils vont muer trois fois, c'est-à-dire changer de plumage. Leur duvet sera remplacé par des plumes de couleur variable.

Élevage de poules dans des conditions naturelles : les poulaillers (qui peuvent être mobiles) sont placés dans une prairie où les poules trouvent une partie de leur nourriture, mais on leur donne en complément des aliments tout prêts ou des grains. Cette méthode permet d'obtenir des oiseaux de qualité supérieure à ceux qui sont élevés en « batterie » c'est-à-dire dans des cages étroites placées dans des hangars.

Les rats

Ils résistent à tout et profitent de tout. Malgré les pièges et les poisons de toutes sortes inventés pour les détruire, les rats font preuve d'une remarquable résistance et ne sont pas menacés de disparition, bien au contraire. Il faut sans cesse créer de nouveaux produits toxiques, car on s'est aperçu qu'ils deviennent résistants à ceux que l'on avait mis au point il y a une trentaine d'années.
Rat gris et rat noir sont deux espèces bien différentes. Le premier, également appelé surmulot, rat d'égout, s'adapte à toutes les situations et mange n'importe quoi, alors que le rat noir, souvent plus végétarien, ne vit pas en plein air, sauf exceptions, et supporte moins bien le froid. C'est pour cela que le rat gris l'a évincé en mainte région d'Europe. Sans doute originaires de l'Asie, ces deux rongeurs ont suivi l'homme dans le monde et, passagers clandestins, ont débarqué avec lui sur tous les continents et de nombreuses îles. A la campagne, le rat gris s'installe souvent dans les fossés, les tas d'ordures, au moins à la belle saison tandis que le rat noir ne quitte pas les bâtiments de ferme, préférant souvent les étages supérieurs quand son cousin cohabite avec lui. Plus léger, le rat noir est aussi plus agile.
Bataille à mort. Les rats gris vivent en colonies et tout individu étranger se fait attaquer et repousser vigoureusement (ci-dessus). La bataille peut même s'achever par la mort de l'intrus.
Les rats transportent des microbes responsables de maladies telles que la peste bubonique, le typhus, la leptospirose et la toxoplasmose. En outre, ils font de très importants dégâts dans les stocks de marchandises (céréales et autres denrées). Enfin, le rat gris se comporte en prédateur, attaquant des poissons d'élevage (il nage fort bien) et de jeunes volailles. Leur réputation de saleté n'est pas exagérée — bien qu'ils fassent leur toilette avec soin — car ils fréquentent les décharges et autres amas de détritus.

Rat gris. Longueur : 20-28 cm (+ queue de 17-23 cm). Poids : 280-550 g.
Rat noir. Longueur : 16-24 cm (+ queue de 18-25 cm). Poids : 150-240 g.
Longévité pour les deux espèces : 4 à 6 ans (maximum).

Ce rat noir escalade sans aucune peine une poutre avant de pénétrer dans un grenier où sont entreposés des sacs de blé (à gauche). Il éventre l'un d'eux et mange les grains (au centre). Le blé répandu (à droite) témoigne de sa présence. Ce qu'il n'a pas mangé, il le souille avec son urine, ses crottes ou ses poils. Malgré son nom, il peut être brun avec le ventre gris ou blanc crème. Dans ce cas on l'appelle rat « d'Alexandrie ».

Comme tous les rongeurs, les rats ont de puissantes incisives (à l'avant du crâne) séparées des molaires par un espace sans dents (en haut à gauche). Leur queue est couverte d'anneaux (au centre). Leurs empreintes sont visibles dans la poussière. Celles du rat gris ont de 30 à 45 mm de long.

Le rat gris place son nid n'importe où pourvu que l'endroit soit tranquille et abrité. Terriers, tas de bois (ci-dessous), cavités dans les murs ou sous les planchers, peu lui importe. La femelle prépare un nid sommaire. Trois ou quatre fois par an, elle donne naissance à sept ou huit petits.

Les rats circulent dans les lieux mal éclairés. S'ils sont très nombreux, on peut les surprendre en plein jour dans les écuries et les étables (à droite). Ils pénètrent partout, rongeant le bois, la brique et peuvent même endommager les tuyaux de plomb, les plaques de zinc et d'aluminium.

Le rouge-queue noir

Un tremblement perpétuel. Le petit oiseau qui vient de se percher sur le toit ne ressemble pas du tout aux autres passereaux qui vont et viennent dans la cour de la ferme ou près des granges et des hangars. En effet, il agite constamment les plumes rousses de sa queue et cette habitude ne se retrouve que chez son cousin des parcs et jardins, le rouge-queue à front blanc ou rossignol des murailles. Pourquoi ce tremblement perpétuel ? Impossible de répondre à cette question ! Les deux rouges-queues sont les seuls oiseaux d'Europe qui se comportent ainsi, les bergeronnettes hochant la queue de façon beaucoup plus ample et gracieuse. Appréciant la compagnie de l'homme, le rouge-queue noir ou titys est présent dans les villes, les villages, les hameaux et même les fermes isolées où on peut le voir une grande partie de l'année. En automne, il se dirige vers la région méditerranéenne ou l'Afrique du Nord, mais si l'hiver est doux, il peut rester sur place, quitte à s'en aller si le froid arrive.

Un chant original. Autrefois ce modeste oiseau fréquentait les falaises et les rochers, en plaine et en montagne jusqu'à trois mille mètres, et il existe encore en altitude, mais depuis le XIXe siècle, il s'est installé près de l'homme. Son chant bizarre est un autre moyen de reconnaître le rouge-queue noir. Il dure seulement quelques secondes et commence par plusieurs notes aiguës bien détachées ; puis le rythme se précipite, on dirait que l'oiseau s'embrouille et il termine par un bruit de verre pilé ou celui d'un trousseau de clefs agitées. On l'entend chanter dès l'aube. Avec l'alouette des champs, le rouge-queue noir est l'un des oiseaux les plus matinaux, puisqu'il commence bien avant le lever du soleil. Il chante non seulement au printemps, mais aussi en octobre, avec moins d'intensité toutefois. Le rouge-queue noir fait partie de ces hôtes discrets de la ferme qui vivent à côté de l'homme sans lui causer le moindre dommage.

Longueur : 15 cm. Poids : 16-18 g. Envergure : 26 cm.
Longévité en nature : 8 ans (maximum).

Au printemps, les mâles défendent chacun un petit territoire et en éloignent leurs voisins en chantant. A gauche, l'un d'eux signale sa présence à son concurrent perché en haut du poteau télégraphique. Si le chant ne suffit pas à écarter son rival, le rouge-queue vole vers lui (au centre). Tous deux s'agrippent et, tout en se donnant des coups de bec, tombent par terre (à droite). Ces bagarres sont fréquentes au début de la saison, puis cessent peu à peu quand les jeunes éclosent.

A gauche la femelle, à droite, le mâle. Chez le rouge-queue noir, il est facile de distinguer les deux sexes d'après leur coloration. D'abord gris, sauf la queue toujours rousse, les jeunes mâles acquièrent généralement leur plumage noir typique après leur second été.

La femelle du rouge-queue noir place son nid dans un trou de muraille ou sur une poutre à l'intérieur d'une grange. Formé d'herbes sèches, de mousse et de fibres, il est garni de laine et de plumes. Elle y pond quatre à six œufs blancs. A droite, un jeune déjà complètement emplumé.

Souvent, la femelle pond une seconde fois après l'envol de la première nichée. Les jeunes (ci-dessous) sont nourris par leurs parents durant huit à quinze jours après leur départ du nid. Devenus indépendants, ils se dispersent avant de s'éloigner vers le sud. A la fin du mois d'octobre ils nous ont quitté ainsi que leurs parents, mais ils reviendront en mars.

La vache

De l'herbe, toujours de l'herbe. Accumulant dans son estomac l'herbe qu'elle a broutée dans la prairie, la vache la transforme en viande et en lait, les deux produits les plus importants qu'elle nous donne avec sa peau (le cuir). Si les aliments conservés en silo représentent une grande partie de l'alimentation de certains veaux parqués sur des surfaces très restreintes, l'herbe fraîche reste l'aliment essentiel de la vache, sauf en hiver où, séchée, elle lui est distribuée sous forme de foin. Le nombre de vaches paissant dans un pré varie selon la saison et la surface : si on les laissait toujours au même endroit, elles finiraient par manger toute l'herbe et n'auraient plus rien à brouter. Il faut donc les changer de parc et ne pas en mettre trop dans chaque enclos, pour éviter la destruction de la végétation. En mai, la croissance de l'herbe atteint son maximum et une vache peut vivre sur un cinquième d'hectare, mais l'été, où la verdure pousse moins vite, il faut lui réserver un espace plus grand.

Toute l'année, sans arrêt. L'élevage ne consiste donc pas à regarder les vaches brouter l'herbe ; il faut non seulement veiller à leur alimentation, mais aussi leur fournir de l'eau, s'assurer qu'elles ont des abris contre le soleil (arbres, haies) et aussi les traire deux fois par jour tout au long de l'année... En hiver, les soins à l'étable prennent encore plus de temps. On n'élève pas les mêmes races de vaches dans toutes les régions. Actuellement, la française frisonne, la normande, la française pie rouge sont les plus appréciées, les autres ayant des effectifs moins importants. Cependant, plusieurs sont recherchées en raison de qualités particulières, c'est le cas de la charolaise (ci-dessus), de la limousine et de la blonde d'Aquitaine, principalement élevées pour leur viande. Depuis cinquante ans, le nombre total des vaches a fortement augmenté en France, mais localement il a diminué dans le sud-ouest et le nord.

Race pie rouge de l'Est. Hauteur à l'épaule : 1,40 m. Poids : 750 kg.
Race d'Abondance (Alpes). Hauteur à l'épaule : 1,32-1,34 m.
Poids : 630-680 kg.
Longévité : environ 22 ans.

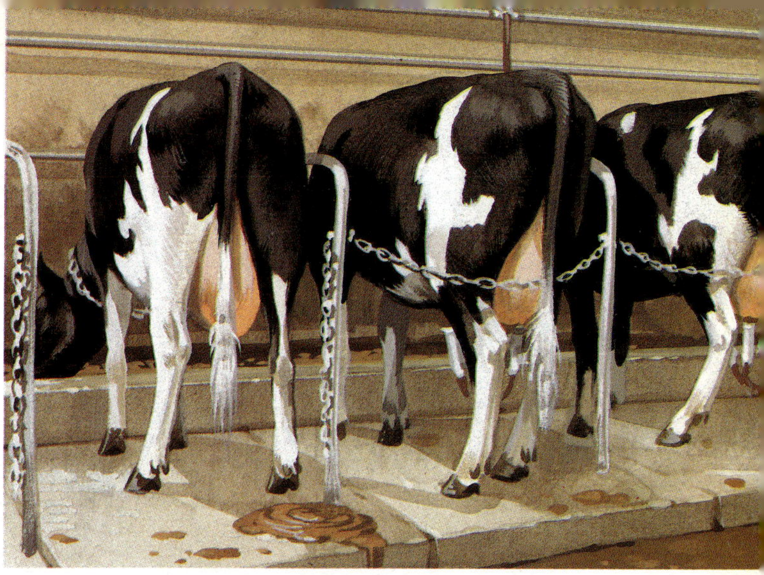

L'agriculteur qui a seulement quelques vaches peut les traire à la main (à gauche). En exerçant une pression et une traction simultanées sur chaque trayon (ou pis), il fait sortir le lait qui tombe dans un seau. En revanche, l'éleveur spécialisé qui possède un important troupeau utilise des trayeuses électriques (à droite) qui font le travail rapidement et proprement. Une bonne vache laitière produit 4 000 litres de lait par an (jusqu'à 6 000 chez certaines races). Au printemps, les vaches normandes fournissent 20 à 25 litres de lait par jour.

En haut à gauche, silhouette de taureau (mâle apte à la reproduction), en bas, silhouette de vache. A droite, jeune vache (appelée génisse) avec ses cornes ; au-dessous, sujet auquel on a enlevé les cornes pour éviter les batailles. Le bœuf est un taureau castré, jadis employé pour labourer.

L'estomac de la vache comprend quatre poches. Dans la première, l'herbe est transformée par des microbes. Le repas achevé, la vache rumine : l'herbe est renvoyée dans la gueule pour être broyée et enduite de salive, puis elle séjourne dans les deux dernières où sa digestion prend fin.

Le veau est le petit de la vache. Il naît après une gestation qui a duré environ neuf mois et demi. Normalement, il boit uniquement le lait de sa mère, mais pour obtenir rapidement des veaux de boucherie, on le nourrit de lait modifié et d'aliments qui permettent de le faire grossir.

La souris

Domestique mais sauvage ! Partout dans le monde, un petit rongeur vit près de l'homme, grignotant ses provisions mais parfois aussi des choses aussi variées que du papier, de la colle ou du savon ! C'est la souris grise, originaire de l'Ancien Monde et que l'homme a propagée involontairement là où il s'est établi. Poulaillers, porcheries, hangars, cours, les différentes parties d'une ferme peuvent recevoir sa visite. Comme indices de son passage, elle laissera des paquets ou des sacs percés, des fruits rongés, ainsi que de petites crottes noires, longues de sept millimètres. Très habile, elle escalade un mur de briques, un câble électrique, une boiserie et ronge chaque jour trois ou quatre grammes d'aliments qu'elle avale surtout au crépuscule et avant l'aube. Il lui arrive aussi de faire de brefs repas au cours de la journée, si on ne la dérange pas et que la nourriture est rare. Sa curiosité et la perspective de faire un bon déjeuner l'incitent à s'approcher des pièges. Bien qu'elle vive dans les maisons, elle reste sauvage si l'on excepte la race albinos élevée dans les laboratoires.

La souris des champs. En plus des souris qui vivent toute l'année dans la ferme, d'autres s'y réfugient en automne après avoir passé la belle saison dans les champs (il ne faut pas les confondre avec les campagnols, qui ont une queue et des oreilles plus courtes, un museau plus arrondi, ni avec les mulots). Les unes et les autres ne se mêlent guère car les étrangères sont repérées à leur odeur et chassées. Les souris des champs ont souvent le dessus du corps plus brun. Elles ne se reproduisent qu'en été car elles ont moins d'abris, supportent des températures plus basses et disposent d'une nourriture moins régulière. La lutte entre l'homme et la souris n'est pas finie, car la seconde s'adapte à toutes sortes de situations et parvient à se reproduire dans les chambres frigorifiques !

Longueur : 8-10 cm (+ queue de 7-9 cm).
Poids : 10-35 g.
Longévité en nature : 3 ans (maximum).

Les souris apprécient aussi bien les aliments donnés aux volailles (à gauche) que le gruyère (au centre) ou les pommes (à droite). Cependant, les fruits ont une importance secondaire dans leur régime. Celles qui vivent dans les champs au voisinage des fermes mangent des céréales, des herbes et leurs graines, des larves d'insectes et des vers. Dans les bâtiments comme en plein air, les souris boivent peu sauf si leur nourriture est sèche.

Le pelage de la souris est de couleur variable. Normalement, elle est gris brun sur le dessus du corps et un peu plus claire dessous. Certains individus ont le ventre franchement blanchâtre et il arrive que des sujets albinos, tout blancs, apparaissent dans les populations sauvages.

Dans les maisons, la souris se reproduit une grande partie de l'année à condition que la nourriture et les matériaux nécessaires à la confection du nid soient présents. Les petits, au nombre de cinq ou six en moyenne, naissent au bout de 19 à 20 jours de gestation, presque entièrement nus.

La souris se tient souvent assise pour flairer ou quand elle fait sa toilette. Dans la ferme et aux environs, plusieurs animaux carnivores lui font la chasse : la chouette effraie, l'hermine, la belette, mais aussi le rat gris sont ses principaux prédateurs. Certains chats la capturent.

Table des matières

COLLECTION VIE SECRÈTE DES BÊTES

□ La préhistoire □ Dans les bois et forêts □ Dans le grand nord □ Dans les déserts
□ Les bords de mer □ Dans l'océan □ Dans la savane □ Dans les montagnes
□ Dans les lacs et rivières □ Les rapaces d'Europe □ À la campagne
□ Dans les jardins et les maisons □ À la ferme □ Les animaux et leurs petits □ Dans les forêts vierges
□ Dans la grande prairie □ Les animaux des îles □ Les animaux rares

Imprimé en Italie par GEA, Milan
Dépôt légal n° 9225.08.92—29.02.1247.07/5
I.S.B.N. 2.01.019764.X

Loi n° 49.956 du 16 juillet 1949 sur les publications destinées à la jeunesse. — Dépôt 08.92

29/1247/5
92 VIII